智人之上

从石器时代到 AI 时代的信息网络简史

[以]

尤瓦尔·赫拉利 著

林俊宏 译

中信出版集团 | 北京

本书赞誉

李开复 | 张亚勤 | 许纪霖 | 刘　擎

傅　盛 | 尹　烨 | 彭凯平 | 李迅雷

严　锋 | 胡　泳 | 周轶君 | 牛文文

何　帆 | 施　展 | 罗振宇 | 吴冠军

张晓楠

（排名不分先后）

李开复

创新工场董事长，零一万物 CEO

在《智人之上》中，赫拉利以其独到的视角，将信息网络作为人类演化的脉络，深刻剖析了技术进步如何重塑我们的社会结构和个体生活。书中对于人工智能时代的深刻洞察，在 AI 2.0 大模型技术于社会各界掀起变革浪潮的当下显得尤为重要。它促使我们重新审视人类与人工智能的相处模式，以及我们如何确保技术进步服务于人类的共同福祉。

张亚勤

清华大学智能产业研究院（AIR）院长，中国工程院院士，美国艺术与科学院院士，澳大利亚国家工程院院士

这本书为我们开启了一场关于人类演化与未来命运的思考之旅。从远古时期人类简单的信息传递，到现代庞大而复杂的信息网络体系，赫拉利以其精湛的叙事能力，将这一过程生动地展现在我们面前。在探讨人工智能时代的挑战时，他毫不避讳地指出，人类在追求科技进步的道路上不能盲目乐观，而必须时刻保持警惕。它引导我们从人类发展的大历史中吸取经验教训，思考如何在人工智能等前沿技术的浪潮中坚守人类的核心价值和尊严。在这个充满不确定性和变革的时代，《智人之上》犹如一座灯塔，让我们在面对未来的种种可能时能够更加从容、明智地做出选择。

许纪霖
华东师范大学历史学教授

赫拉利的新书，如同过去的"人类简史"三部曲一般，有空间的宽度和时间的驰骋感，几乎是一种帝国式的写作；是文明比较大家汤因比作品的再世，而且更好看，更有故事性。作者既不寻找文明发展的底层逻辑，也不将文明的演化化约为某种单一终极因素，他要探求的是各种复杂变量是如何"链接"的。这种去中心化的区块链式的思维，让他窥见了AI时代的来临，将给人类带来的"硅幕"可能性灾难。

刘擎
华东师范大学政治哲学与思想史教授

赫拉利的新著延续了《人类简史》的大历史写作，也是一部"信息政治学"的批判性论著。作者在简洁有效的概念框架中引入生动有趣的细节故事，以信息网络为焦点重构了文明的长程演化历程。本书极为关切计算机与人工智能造就的新型网络，对其特征和影响提出了富有洞见的分析与警示。

傅盛
猎户星空董事长，猎豹移动董事长

在 AI 浪潮汹涌的今天，回望过去，是为了更好地照亮前行的道路。《智人之上》以其独特的视角，将信息网络的演进历程娓娓道来，从口口相传的故事到互联网的全球互联，再到人工智能的崛起，每一个章节都充满了对技术进步的深刻洞察和对未来的无限遐想。

这本书不仅适合广大读者作为了解信息网络发展的入门读物，更是科技从业者不可或缺的案头宝典。它让我们在享受技术便利的同时，也能深刻理解技术背后的逻辑与力量，让我们向着正确的方向前进。我强烈推荐这本书给每一位对信息网络、人工智能和未来科技感兴趣的读者。相信它不仅能拓宽你的视野，更能点燃你心中的创新之火，共同推动人类社会的进步与发展。

尹烨
华大集团 CEO，生物学博士

熟悉生命演化史的朋友大部分会同意，统治地球的从来不是某一物种，而是智能。人工智能的出现，让人类第一次看到了自己被终结（或被融合）的可能性，所以有关科技，特别是是否应限制人工智能发展的争议近期甚嚣尘上。但是科技如果停止发展，人类就无法成为多行星物种，最终依然不能逃脱湮灭于宇宙中的命运。正如剑有双刃，科技既要发展，又要向善，这条路该怎么走？尤瓦尔·赫拉利给出了一条值得深思的提醒：历史唯一的不变，就是改变。我也始终坚信：科技只能决定人类奔跑的速度，爱和文明才能决定我们奔跑的方向。

彭凯平
清华大学心理学系教授，中国积极心理学发起人

各种痛苦最深层的来源是自己的心智，而幸福和智慧的来源也正是心智本身。尤瓦尔·赫拉利用前三本书仔细介绍了智人如何通过虚构的故事达成大规模合作，从众多物种中脱颖而出并发展至今。这部新作将最新的人工智能发展背景引入研究范畴，进一步探讨了在人工智能的威胁下，心智对全体人类的重要作用。无论宇宙由谁主宰，人类的繁衍生息都将基于愿意相互联结的人性和清明澄澈的心。这是一部引人深思的宝贵作品，等多年后回看，更会觉得意义深远。

李迅雷
中国首席经济学家论坛副理事长

不止一遍读过《人类简史》，让我对很多问题豁然开朗。最近该书的作者尤瓦尔·赫拉利的新作《智人之上》，讲述了从石器时代到 AI 信息网络时代的历史演进过程，这又将给读者带来新的惊喜。让我感受最深的是，书中提到人类的"碳基思维"和 AI 的"硅基思维"有着巨大的区别，人类思维的固有缺陷可以通过 AI 来改善，但 AI 反过来又会左右人类的思维，或把人类引入歧途。例如各大网络平台为了获得流量，利用算法让人们每天花大量时间沉浸在网络里，通过热搜误导大家甚至引发种族流血冲突。因此，如何正确面对和处置海量信息，如何让 AI 给我们带来更多的文明和效率，而非邪恶和痛苦，读者应该高度重视作者的反复提醒。信息是什么？并不是简单的文字、语音或图像，它可能是真理、真相或一服良药，也可能是谎言、威权或毒药。故需要甄别，要从海量信息的茧房中突围出来。这本书可能是帮你突围的精良武器。

严锋
复旦大学中文系教授，科学杂志《新发现》荣誉主编

尤瓦尔·赫拉利在《智人之上》中，以独特的视角和深刻的洞察力为我们揭示了人类历史中信息的巨大力量。从古老的石器时代到现代的人工智能革命，赫拉利通过一系列引人入胜的历史故事，阐明了信息如何既可以成为进步的工具，也可以是控制和误导的武器，带来毁灭性的结果。我们正站在一个十字路口，面对信息技术的飞速发展，这本书是站在文明高度的一次全面梳理，也是对当下和未来的有力警示与启迪。

胡泳
北京大学新闻与传播学院教授

赫拉利这本新书试图追溯人类历史上信息系统的演变，跨度达 10 万年之久。《智人之上》的副标题"从石器时代到 AI 时代的信息网络简史"具有一定的误导性："简史"这个词未免过于低调，这本书实乃一部皇皇巨著。我喜欢的一点在于，这本书既深入探讨了信息是如何传播的，也详尽分析了错误信息是如何传播的。

在另一个层面上，那些期待全面的历史叙述的读者可能会失望，因为在全书的十一个章节中，有将近六个章节专门讨论人工智能。一如赫拉利此前的流行著作，《智人之上》再次显示了他引人入胜的写作才华和大局观思维，但在试图将复杂的观点变得通俗易懂的时候，他往往会过度简化那些精微的问题。

周轶君

纪录片导演，写作者

赫拉利擅长破除迷雾，直抵核心。这一次，他拂拭"信息通往真相与智慧"的假面，揭示了信息流通联结处、塑造秩序的权力。人工智能的出现，第一次把信息联结交付于人类以外的物种，以古鉴今，赫拉利照亮了关键节点，也给出了态度，虽然他无法预知。

牛文文

创业黑马科技集团董事长

信息造就人类，使我们从众多物种中脱颖而出，却也带来谎言、谬误和幻想，特别是人工智能的降临，使整个世界面临巨大挑战。尤瓦尔·赫拉利是见微知著的大师，能够将宏大的历史叙事蕴于日常的细节当中。人类的一大步，如今就在我们脚下。

何帆
《变量》作者，上海交通大学经济学教授

赫拉利一如既往地强调叙事的力量。叙事的素材是信息，而网络将放大叙事的影响力。谁能控制网络？怎样利用信息？这些问题关乎世界政治和人类社会的未来。

施展
上海外国语大学全球文明史研究所教授

每一次技术革命都伴随着能源转型与信息密度的飞跃。赫拉利在《智人之上》中深刻剖析了这一点，他不仅仅是在讲述一个技术发展的故事，更是在揭示一个关于人类如何不断突破自我限制、追求更高智慧层次的壮丽史诗。尤为重要的是，赫拉利并未止步于技术的表面，他深入探讨了信息网络背后所承载的社会结构、经济模式乃至文化价值的变迁。这本书不仅是一部关于技术史的著作，更是一本启发我们思考如何在人工智能时代中找到自身定位、实现价值的智慧之书。

罗振宇
得到 App 创始人

尤瓦尔·赫拉利这类作者，是用来回答一些大问题的。《智人之上》回答的问题就又大又急迫：人工智能将如何改变人类文明的面目？新工具就是这样：表面上的功用，总是让人欣喜若狂，而最终的社会后果往往令人瞠目结舌。这本书提供了到目前为止最有想象力的猜测。

吴冠军
华东师范大学奇点研究院院长，教育部"长江学者"特聘教授

在所有已知物种中，智人政治性地构建起了共同体。通过持续更新迭代政治智慧，越来越多的智人达成联结并展开合作。而今天的根本性挑战便是这种智慧的停滞：行星层面的合作之"网"正快速变成"茧"。人工智能的硅幕无法消除民粹主义的全球分裂，计算机政治学无力治理人类世的生态灾难。赫拉利的大历史分析揭示出，未来几年当代智人的行为，将奠定该物种及其文明的演化方向。

张晓楠
新东方直播间 CEO，央视前新闻主播

在这个瞬息万变的世界里，个人认知的提升至关重要。尤瓦尔·赫拉利的《智人之上》从信息网络的角度深入剖析人类演化的历史，让我们清楚地看到信息网络在人类发展进程中的关键作用。信息网络不仅塑造了整个世界，也决定了我们每个人的认知。通过阅读这本书，我们能够反思自己对世界的认知方式，拓宽思维的边界。在人工智能时代，我们面临着前所未有的信息洪流。如何在海量的信息中保持头脑的清醒，提升自己的认知水平，是我们每个人都需要思考的问题。《智人之上》为我们提供了宝贵的启示，它让我们明白，只有不断学习、不断探索，深入了解信息网络的历史和发展趋势，我们才能在这个复杂的世界中找到自己的位置。无论是对于追求个人成长的读者，还是渴望不断进步的职场人士，这本书都是一本不可多得的佳作。

重磅导读

江晓原 | 刘　嘉 | 周　航

吴甘沙 | 洪　灏 | 严　飞

（排名不分先后）

尤瓦尔·赫拉利的思想轨迹和文明史观

——从《人类简史》、《未来简史》、《今日简史》到《智人之上》

江晓原
上海交通大学科学史与科学文化研究院首任院长

十几年前，尤瓦尔·赫拉利在自己的母校希伯来大学历史系当着默默无闻的讲师，他结合自己讲授的世界史入门课程，写了一本历史著作《人类简史——从动物到上帝》(*Sapiens: A Brief History of Humankind*, 2011)。起初以色列几家主要出版社都拒绝出版这位无名小辈的新作，但没想到一经出版，这部作品就立刻成了畅销书，被译成多种文字，5年后已在全球40多个国家出版。2014年该书被引进中国后也十分畅销，2016年赫拉利受邀来中国推广他的新书时，已是一派文化名人架势。

看看《人类简史》的原版书名，就透着畅销书的味道。当年霍金的超级畅销书《时间简史》(*A Brief History of Time*)的编辑，建议将书名中原先十分通用的Short History改成Brief History，让霍金十分欣赏，称赞说"这真是神来之笔"，于是霍金自传《我的简史》也起名为 *My Brief History*。尤瓦尔·赫拉利的书名步武前贤，让读者闻弦歌而知雅意。

尤瓦尔·赫拉利在《人类简史》中展现了富有特色的叙事风格——

行文简洁明快，而且从不说学术黑话。他的主要写作手法是采用全新的视角，将全球文明史的纲要重新叙述一遍。在这样的重述中，赫拉利推出了两个重要的堪称革命性的观点。

谎言造就文明

赫拉利最重要的观点是"谎言造就文明"，这是其核心观点。他在《人类简史》新版序言中借用佛教的话头表示："几千年前佛陀就说过，人世乃梦幻泡影。的确，国家、神祇、公司、金钱、意识形态……都是我们创造并相信的集体幻影，人类历史就是由它们统治的。"赫拉利的意思是说，人类因为能够制造谎言，能够相信谎言，并且能够在谎言的感召和激励下共同努力，才创造出了人类文明的奇迹。在《人类简史》和有关访谈中，在谈到这一点时，赫拉利交替使用"谎言""梦幻""故事"等词汇，但表达的都是同一个意思，即用虚构的故事将人们团结起来。

在赫拉利看来，人类和其他动物的最大区别就是人类具有制造谎言的能力，具有相信谎言的能力，具有为了谎言所许诺的事物而奋斗的能力；而其他动物，哪怕是演化上最接近人类的黑猩猩，也完全不具备这种能力，于是人类最终得以统治这个世界。所以"人是讲故事的动物，没有故事，人类社会就无法运作"。

十年之后，在《人类简史》的新版序言中，赫拉利再次表示："我在书中表达的中心意思丝毫没有改变：对智人最好的描述是，他是会讲故事的动物。我们创作出了关于神、国家和公司的虚构故事，而这些故事构成了我们社会的基础和我们生活意义的源泉。为了这些故事，我们经常不惜杀人或者被杀……只有人类会为了故事而彼此杀戮。"

那么对于他眼中这种建立在谎言基础上的人类文明，赫拉利整体上持什么态度呢？宣称这种文明是建立在谎言基础上的，这种观点本身似乎已经展现了某种批判的姿态——其实未必，因为赫拉利从不对"谎言"进行通常意义上的道德判断。读《人类简史》的感觉是，人们似乎不能绝对排除赫拉利是在另一种意义上使用"谎言"这个措辞的可能，何况与之平行的"梦幻""故事"通常也都是中性的措辞。

不过赫拉利既未全盘否定，也未全盘肯定现有的人类文明。例如他同意"我们生活在由和我们非常不同的人在我们出生很久以前发明的思想牢狱之中"（据他说这句话是人工智能GPT-3写成的，但他完全同意）。他又认为当今世界最重要的谎言（虚构故事）就是资本主义，"几乎所有的国家都相信它"。

现代化并未使人更幸福

在《人类简史》中，赫拉利还提出另一个重要观点——现代化并未使人更幸福。这个观点因为和许多人的日常感受有表面上的直接冲突，所以显得似乎比前一个观点更为惊世骇俗。其实这个观点的革命性和上一个观点相比弱了许多。因为这个观点实际上可视为赫拉利前一个观点的一种推论——现代化不过是一系列谎言中的一个，只是这个谎言向人们许诺了更加美好的生活而已。

为了论证这个观点，赫拉利在《人类简史》中将人们常说的"农业革命"称为"史上最大骗局"。他说人类在农业革命之前的采集时代，本来吃得也不错，生活悠闲自在，但搞了农业革命之后，驯化了植物，开始农业种植，却使得自己的劳动时间大大延长，最终是农民终日劳作，吃得也不比采集时代好多少，甚至变得更糟。所以他的结论是："普遍来说，农民的工作要比采集者更辛苦，而且到头来的饮食还要更糟。农业革命可说是史上最大的一桩骗局。"

但是这样一桩骗局，背后的主谋是谁呢？赫拉利提出了一项奇妙的指控，他说主谋者是小麦和稻米——你没看错，就是这两种在全世界被广泛种植的农作物。他说是小麦和稻米"操纵"了人类，让人类扩展到了全世界。所以农业革命这桩骗局"真正的主要嫌疑人，就是那极少数的植物物种，其中包括小麦、稻米和马铃薯。人类自以为驯化了植物，但其实是植物驯化了智人"。注意，赫拉利这样说的时候是认真的，他不是在采用"拟人化"之类的文学手法，而是真的将小麦和稻米视为有智慧的生物。

至于今天的现代化生活为什么是一个谎言，赫拉利是这样论证的：将农业革命指为骗局只是个案之一，农业革命可以被视为整个现代化过程中的一环。整体来说，赫拉利认为，采集时代的原始人过得悠游自在，是一种幸福生活，而一个在现代化大都市的年轻人，则会为求职、房贷、出国旅行（这是中产阶层必需的）等事所烦恼，而这些烦恼都是原始人根本不会有的，所以现代化并未让人变得更幸福。

那么如何看待这一事实：现代人在衣食住行等方方面面都享受着比原始人好得多的条件？对此赫拉利也胸有成竹，这个问题只需从"幸福"的定义入手，就可轻易消解。因为赫拉利认为，幸福的关键是对自己所拥有的感到满足，原始人在简单生活中想必比现代人更容易满足，所以也就更幸福。

未来学和人类的心智

电影行业拍续集，最常见的情形是，第一部票房大卖或口碑极好之后，就开始计划拍第二部、第三部，绝大部分系列电影都是这样形成的。比较罕见的是，在一开始就规划好了一个系列，然后开拍，比如《黑客帝国》的前三部就是这种情形。而赫拉利的"人类简史"系列，则属于前面那种情形——第一部《人类简史》大卖之后，出版商肯定会找赫拉利写续集。赫拉利因势利导，乘势而上，显然也没有拒绝。

平心而论，赫拉利提出的"谎言造就文明"和"现代化并未使人更幸福"两大观点，虽然因惊世骇俗而具有革命性，也不乏启发性（至少可以活跃人们的思想），但实际上并没有多少建设性。因为赫拉利的观点只是对人类已有历史的一种新解释，却不能引导出任何行之有效的新行动纲领。换句话说，世界还是那个世界，生活还是那种生活，读了赫拉利的书，你该干啥还得干啥，并不会有什么改变。

对于自己新创学说的局限性，赫拉利当然比绝大多数读者都清楚，所以他明智地回避了"开药方"和"提建议"。他也确实有才情，一本《人类简史》已经用新视角将整个人类历史讲得十分通透，这种情况下怎么再写续集？当赫拉利和编辑进行选题策划时，他们面对时间轴陷入沉思，目光必然会转向"右侧"——历史已经讲完，那就讲未来吧。

"续集"《未来简史——从智人到智神》名副其实，就是一本未来学著作。以《人类简史》中的两大观念为利器，赫拉利的未来学确实做到了相当与众不同。

现在许多电影都会在第一部结尾处留下拍续集的"接口"，在《人类简史》的结尾处似乎也设置了这样的接口："拥有神的能力，但是不负责任、贪得无厌，而且连想要什么都不知道。天下危险，恐怕莫此为甚。"所以赫拉利眼中的未来世界，是令人忧虑的。

赫拉利在《未来简史》中延续了他之前的叙事风格和写作策略，将大家熟知的事情用新的视角再次陈述。前两部分"智人征服世界"和"智人为世界赋予意义"共7章，作为一部未来学著作的内容，可谓中规中矩，既无懈可击，也乏善可陈。比较值得注意的是第三部分"智人失去控制权"，共4章。让赫拉利担心要夺取智人对世界控制权的，就是正在疯狂发展的人工智能。

赫拉利既没有像许多人工智能从业者（他不是其中成员）那样一味为人工智能唱赞歌，并对公众的忧虑进行虚假安慰，也没有像许多人文学者（他倒是其中的一员）那样盲目歌颂人工智能（许多人以为这样能够让自己显得不落伍），而是对人工智能的高歌猛进感到恐惧，他认为"科技不想听我们内在的声音，而是要控制这些声音"。

赫拉利担心"人文主义"的信念基础已经动摇，人文主义将会在人类事与愿违的努力中走向崩塌。他也谈到了"刹车"的可能性，但结论仍是悲观的——我们不知道刹车装置在哪里，万一能找到，也踩下了刹车，后果却可能更坏。"如果我们设法成功踩了刹车，就会让经济崩溃并拖垮社会。"因为要维持现代经济，就必须有无止境的增长。

到了第三本书《今日简史——人类命运大议题》（*21 Lessons for the 21ST Century*），就明显是续集的续集了。这本书没有延续"*A Brief History of……*"的书名，而且 21 课就是 21 章，结构也显得平面化。如果我们尝试将《今日简史》的前 20 章视为《未来简史》的 20 个附录，也不会有什么问题。赫拉利讨论了 20 个当代的问题，它们都很时髦，诸如就业、平等、社群、宗教、战争、正义、母体、民族主义、恐怖主义、后真相时代等。

比较出人意表的是第 21 章。赫拉利在这一章中谈论了一些涉及个人隐私，同时又和学术界格格不入的事情。他说："我在青少年时期有许多烦恼，心静不下来，觉得整个世界莫名其妙，对于人生的种种大问题也都找不到答案。……不论是身边的人或是读到的书，讲的都是一些精心虚构的故事：关于神和天堂的宗教神话，关于祖国和历史使命的民族主义，关于爱情和冒险的浪漫神话，还有那套说着经济增长、消费能让我开心的资本主义神话。"上了大学也不能解决这些问题，大学只是"要我把目光越缩越窄"。

后来赫拉利在朋友的"循循善诱"之下，2000 年第一次去参加了一个进行"内省"的禅修课程，居然感觉获益匪浅，以至此后他每年都要去参加一两个月这种课程，每天还要冥想两个小时。他明确表示："如果不是凭借禅修带给我的专注力和清晰的眼界，我不可能写出《人类简史》和《未来简史》。"

幸好在这番颇有"带货"和"广告软文"嫌疑的故事之后，赫拉利及时转入了关于"大脑与心智"的有益讨论。他认为大脑和心智是两个非常不同的事物："大脑是由神经元、突触和生化物质组成的实体网络组织，心智则是痛苦、愉快、爱和愤怒等主观体验的流动。"人类对大脑已经有了很多研究，但是"仍然完全无法解释心智是如何从大脑里出现的"。赫拉利的这个想法，并非原创但确实有益——在汉语和许多外语中，人们都是用"心"去想问题的，只有在现代科学语言中，人们才说用"大脑"去思考。

对 AI 时代的忧虑

在沉淀了六年之后，赫拉利出版了第四本书《智人之上：从石器时代到 AI 时代的信息网络简史》（*Nexus: A Brief History of Information Networks from the Stone Age to AI*）。这次书名又回归了"*A Brief History of*……"系列，在叙事风格上也更多地让人想起《人类简史》。如果说《人类简史》有某种程度的"泛谎言主义"叙事，那么在《智人之上》中我们将看到更大程度的"泛网络主义"叙事。

在《人类简史》中，"谎言"这个概念具有超乎人们想象的极强解释力，而在《智人之上》中，"网络"被赋予了更强的解释力——无处不见网络，无物不是网络，连"谎言"也只是用来建立网络的工具。

赫拉利在《智人之上》中交代，他受的学术训练"完全没有计算机科学相关的技术背景"，但是《人类简史》出版之后，"却发现自己突然被称为人工智能专家"。事实上，在《人类简史》的文本中确实找不到将作者视为"人工智能专家"的依据，但赫拉利表示这个不虞之誉给他打开了一扇大门，让他"得以造访各地对人工智能有兴趣的科学家、企业家与世界领导人，也有幸一窥这场人工智能革命复杂的动态"（其实这是畅销书作家的身份给他带来的便利）。

在《智人之上》中，赫拉利致力于用"网络"的概念贯通古今社会的变迁，这种变迁中的许多现象，之前人们习惯于用另外一些观念去解释和说明。赫拉利的新解释固然能够言之成理，但仍然未能免于一个和《人类简史》类似的困境——他的理论并不能导出解决实际问题的行动纲领。尽管如此，赫拉利在用网络概念回顾历史和展望未来时，仍然能够给我们带来重要的启发。

在《智人之上》中最有价值的观点之一，是赫拉利致力于破除"天真的信息观"。这种信息观有两个要点：一是认为信息越多越好，二是相信越来越多的信息终将导向真理与真相。赫拉利认为，现实生活中许多人相信这种信息观，而实际上这种信息观是完全错误的。

他引用了1858年一篇为电报这项发明而发表的社论中的话："让全世界所有国家的思想得以交流，过去的偏见与敌意必将无以为继。"160多年过去了，人类已经发明了比电报更高效的通信工具（比如电话和互联网），"偏见与敌意"有丝毫减少吗？在现实生活中，我们经常看到的恰恰是互联网制造或加剧了偏见与敌意。

赫拉利为此提出了"坐拥更多信息会让事情变好还是变得更糟"的问题，他倾向于只会让事情变得更糟。这与他在《未来简史》中对信息重要性的强调是一脉相承的。他认为信息正在越来越多地被作为人群相互斗争的武器。他强调指出："信息并不等于真相，信息的主要任务在于联结，而非呈现现实。"

赫拉利认为，人类历史上建立的许多网络（比如纳粹德国也被他视为网络）都是不成功的乃至罪恶滔天的，他的解释是："问题并不在于人类的本性，而在于人类的信息网络。由于人类的信息网络重秩序而轻真理，因此往往带来大量的力量，却没带来多少智慧。"因此他虽然对自己生活于其中的资本主义社会仍然保留着一线希望，指望它的"自我修正机制"能够发挥作用，但他也看到"政客却有着削弱这些机制的动机"。总的来说，他对人类社会的未来不敢乐观："认为历史总会走向正义也只是个神话谎言。历史的轨迹无比开放，可以弯向任何方向、走向任何地点。"

赫拉利对人类日益依赖人工智能，直到最终被人工智能完全控制的前景，明确表示了忧虑。这种忧虑的声音近几年总算越来越大了，包括一些人工智能的业内人士也令人欣慰地发出了一些这样的声音。

赫拉利的担心是，"要是处理不当，人工智能不仅有可能消灭人类在地球上的主宰地位，更会灭掉这一点意识的星火（可以理解为人类的自由意志），让宇宙变成一个彻底黑暗的王国"。当然这个问题实际上更为复杂——人工智能会不会产生自己的自由意志，至今仍是一个未解之谜。但无论如何，只要不是人类自己的自由意志，人类怎么能放心呢？

十万年未有之大变局

刘嘉

清华大学基础科学讲席教授，清华大学心理与认知科学系主任

1895 年，李鸿章代表清政府与日本政府商讨结束甲午中日战争的《马关条约》。在与时任日本首相伊藤博文的一次非正式的会谈中，李鸿章感慨道，今日之事乃"三千年之变局"。在李鸿章看来，甲午一役的惨败，不仅仅是军事上的失利，更是中国在与西方列强及新兴亚洲强国博弈中的全面失势，标志着中国自秦汉以来延续了两千余年的农耕文明在现代工业文明的锐利锋芒下土崩瓦解。在之后的戊戌变法、辛亥革命、五四运动中，无数仁人志士筚路蓝缕，终使中国走上共和之路，成为现代化国家。

引发这一历史巨变的根本原因，是起源于英国的工业革命。18 世纪下半叶的第一次工业革命引入了机械化生产，蒸汽机和纺织机械的广泛应用改变了传统的手工作坊生产模式；19 世纪末的第二次工业革命推动了电力和内燃机的应用，钢铁和化工行业的崛起，使得生产规模和速度进一步提升；20 世纪的第三次工业革命则以信息技术为标志，计算机和互联网的出现，使得信息的传递和处理能力迅速扩展。如今，我们已迈入以人工智能为代表的智能时代，特别是 2022 年 11 月 30 日发布的 ChatGPT，标志着通用人工智能的火花初现。与以往的技术进步所带来的变革不同，通用人工智能能够像人一样生成信息——现在互联网上的信息大约有 10% 是由人工智能生成的。同时，它具有自主决策的能力，

可以自主做出复杂决策。因此，通用人工智能的出现标志着人类文明史上一个前所未有的转折：在历史上第一次，人工智能开始参与人类文明的塑造，甚至可能主导未来文明的发展。

虽然人和猴子分道扬镳独立演化发生在距今大约300万年前，但人类文明的萌芽发生在距今约10万年前，这被称为"第一次认知革命"。这一革命的标志是语言的出现，它使得人类具备了高效沟通、合作和交流抽象概念的能力。由此带来的工具和技术的进步，使得狩猎、采集和加工变得更加高效，显著提升了人类获取食物和资源的能力，催生出了更多样化的生活方式，社会角色和组织结构也日益明确。"第二次认知革命"发生在大约1万年前的新石器时代。在这次革命中，文字的发明和记录的出现使得人类能够记录历史、法律、宗教和贸易活动，促进了文化的传承和知识的积累。在此基础上，人类开始建立城市和国家，逐步形成复杂的社会和政治结构。

这两次认知革命，前者开启了人类智慧，让人跳出了食物链，由动物变成人；后者则让人变成了人们，婚姻制度、等级制度、官僚机构和法律体系等组织规则与架构，将人从原始森林转换到社会丛林中。如今，随着通用人工智能的崛起，我们正站在"第三次认知革命"的门槛边，但是这一次，人类作为文明主体的地位岌岌可危。

在过去的300万年里，人类大脑的体积增加了三倍，神经元的数量达到了约860亿，每个神经元平均拥有1000个到10000个突触连接，形成了宇宙中最复杂的单个结构体。然而，这一演化过程已经达到了人体能量代谢的上限——大脑虽然仅占人体重量的约2%，却消耗了身体大约20%的氧气和能量。因此，即便再过300万年，人类大脑的算力也不会有显著的提升。与之形成鲜明对比的是，支撑人工智能的硬件却可以无限扩展，可以通过增加硬件规模和优化技术无上限地增长，没有明确的物理约束。在算法层面，基于Transformer架构的大模型已经探明了让智能涌现的道路。因此，人工智能超越人类智能是必然之事，并且会在短期内发生，这基本上已经是学术界和工业界的共识。那么，我们如何在智能机器与人类共存的未来世界中找到新的平衡点？

正如赫拉利在《智人之上》一书中所表达的忧虑：随着人工智能的发展，人与人、人与技术、人与自然等的传统联结将会被打破，而人工智能所重新定义的新联结可能使得某些人类个体和群体被边缘化或被排斥，甚至将取代人类成为新文明的主导力量。赫拉利给出的解决方案是：必须让人工智能"超级对齐"人类的人生观、世界观和价值观，确保它的演化和使用符合人类的长远利益。

要么是终结者，要么是工具，有没有第三条人机共存的道路？

在过去的70年里，我们以自身为模板，通过构建人工神经网络来模拟大脑的运作方式，从而创造出人工智能。那么，人类可否反过来从人工智能的发展中获益，开启新的"演化"路径呢？事实上，人工神经网络的研究已经为破解大脑的奥秘提供了重要线索。近年来，通过使用深度学习算法和神经网络模型，我们已经可以使用人工神经网络模拟人类大脑，重建人类大脑如何在视觉刺激下处理信息的复杂过程，揭示大脑在不同认知任务中的活动模式，等等。基于对人类大脑智能之谜的破解，未来我们或许能够将人类的情感、意识和记忆上传到人工神经网络，实现从"生物之我"向"数字之我"的转变。雷·库兹韦尔在《奇点临近》和《奇点已更为临近》这两本书中设想了一个未来场景：人类的思维可以被完全数字化并上传到云端。这样，"数字之我"不仅能够存储我们的所有记忆、知识和感知，还可以通过人工神经网络进行自主学习和演化，从而在虚拟环境中实现"永远演化"。

"数字之我"将使人类摆脱脆弱的肉体，超越生老病死的生物限制，从而保存和延续自身的意识。更重要的是，"数字之我"将具备无尽的算力，通过诸如量子计算等分析我们目前无法理解的问题，使人类第一次能够跳出三维世界的囚笼，打开通向更高维度认知的大门。拥有无尽寿命和无尽算力的"数字之我"将提供前所未有的机会去探索无尽的宇宙——无尽的寿命可以让我们到达宇宙的边缘，而无尽的算力可以让我们理解黑洞内部和多维宇宙的结构。由此，人类的存在方式将会获得全新的定义——人终将变成"神"，迈入一个前所未有的全新纪元。

没有什么可以抵达乌托邦，包括 AI

周航
唯道资本（Truezen Capital）创始人，易到用车创始人

可以说，尤瓦尔·赫拉利又一次让我们获得了理解人类文明的新视角。

这是他一直以来都在做的：构建理解人类文明史的新知识框架。从此前的《人类简史》《未来简史》《今日简史》，到今天的新书《智人之上》，他一直保持着一种特质，那就是在精确讲述人类历史的同时，敢于提出对未来的挑战性思考。赫拉利的真正力量在于他并不满足于简单地总结过去，而是将历史和现在对接，通过追溯既往路径，展现技术如何塑造了今天，并推测它将如何影响明天。作为读者，你很难忽视这种强力的思考，关键是，他的观点如何振荡你的思考。

从我的亲身体会来说，在过去的 30 年里，科技行业经历了从个人计算机时代到移动互联网时代的转变。作为移动互联网时代的创业者，我见证了中国从"跟随模仿"到"同步进化"，甚至逐渐在很多方面拥有领先的世界级应用和创新。如果回头看看，我们会惊讶于那些改变了我们生活的创新发生得究竟有多迅速：我们的交互方式已经从敲击键盘到触摸屏幕再到无接触的语音交互；我们的解锁方式已经由输入密码到只需一触的指纹识别再到只需一看的人脸识别；我们在熟悉移动手机之外，也开始熟悉移动机器人、智能汽车、无人驾驶……

在经历这些持续创新浪潮的变化后，我们开始有了一种新的思维方式：从个人计算机到互联网再到移动互联网之后，下一波大浪是什么？会有哪些创新？未来的浪潮会朝向哪个方向？

在移动互联网时代，无数聪明、勤奋的创业者都用移动手机大做文章，想要用创新改变行业。有的确实成功了，比如生活服务、移动支付、手游等，但很多领域本质上没有发生改变，比如教育、医疗等。这到底是技术局限性的问题，还是行业自身的复杂性所致？

移动通信技术的本质是"链接性"，但作为那个时代的关键技术变量，它无法改变所有行业，还有很多行业在等待新技术变量的到来。

我们这些移动互联网时代的创业者之所以焦虑，是因为我们似乎找到了很多移动互联网之后的下一个方向。我们畅想过 IoT（物联网）、AR（增强现实）、VR（虚拟现实）、Crypto（加密货币）、Web3.0……但是它们真的足够成熟，足够掀起下一场浪潮和革命吗？我们并不敢肯定地回答。

但 AI 出现了。2016 年第一代 AlphaGO（阿尔法围棋）在围棋上完胜人类，让 AI 第一次走进大众的视野，成为共同讨论的主题。我们也经历了 1.0 时代的 AI——语音识别、图像识别、人脸识别等，直到 2022 年 GPT-3.5 的发布，生成式 AI 彻底引爆了市场，也引爆了全世界。人们开始考虑 AGI，也就是通用人工智能实现的图景。

科技从业者的认知本能和敏感度告诉我们，新一代的关键技术变量终于来了。我们将其称为 AI 2.0。

当然，赫拉利也敏锐地捕捉到了这个转折点，并且他的观点更加宏大。在他看来，这不仅是技术的变迁，更是人类社会结构和经济模式的转型，甚至可能改变所有生物的演化进程。

在这个转折中，我关注的则是更加具体可操作的内容。一方面，从乐观的创业者角度，我们首先会注意到 AI 领域前所未有的投入规模：

在资金密度上，我们今天正将数百亿规模的美元砸进芯片和半导体行业，并进行超大规模的算力集群建设；在人才密度上，OpenAI依靠几百人的精锐团队，拿出了影响世界的产品。我们会情不自禁地思考AI能做什么，我们如何从中发现一个好的应用点和需求，做出一个成功的创业项目。

而乐观的反面是隐忧。人工智能的发展是一个黑盒，我们并不完全清楚它是如何运行的。出于这种未知，相比于考虑如何利用AI制造就业、创造财富，更让我们担心的是AI带来的大规模失业、快速自我迭代发展的AI和人类发生冲突，以及人类被自己创造的机器所奴役。

科技创业者对这种两面性再熟悉不过了：我们在创业之初都有一个良好的动机，要么是解决社会生活的具体问题，要么是开创更好的局面。但是在创业过程中，我们总是发现，在解决老问题的同时，我们也在创造新问题：抖音在提供内容的同时带来用户的沉迷，外卖在带来便利的同时制造着垃圾和健康问题，过度投放共享单车让地铁站口更加拥堵……我们试图用打车软件利用起车辆的空闲运力时，实际上也是在把更多人从公共交通上赶到了私人专属交通工具上，造成了更大的拥堵。

这些副作用是科技创业者要面对的常态，意识到这一点，才会让我们有一个更加谦逊的心态，而不是抱持拯救者的妄念，试图制造一个乌托邦。我们总想追求制度和技术上的完美，追求一个不存在问题的理想，这的确是人类趋利避害的本能，但我认为这是一种人性内在的妄念和弱点，你不可能等到所有问题解决之后才开始行动。

在这一点上，我坚信我们应该充分地信任市场。一个最直接的例子是核能利用的问题。理论上来说，我们早就可以不需要煤和石油，但自二战至今的80年里，核能只占据人类能源使用中很小的比例，因为它的安全问题始终如达摩克利斯之剑悬在头顶。三哩岛、切尔诺贝利和福岛核电站发生事故之后，市场自然调整了人们对原子能技术的态度，怀疑和不信任约束着它更大规模的投入和使用，也促进着核裂变技术本身的迭代，并且最终，这种市场的力量可能会让核能利用趋向于使用更加安全的可控核聚变。

AI 的发展也是同样的道理。2024 年年初，OpenAI 发生了重大的分歧，乐观派如萨姆·奥尔特曼认为 AI 需要更大的发展，但首席科学家伊尔亚·苏茨克维认为必须先解决 AI 的安全问题，实行所谓的"超级对齐"项目。分歧的结果是伊尔亚离开了 OpenAI 并创立了一家专注于 AI 安全的公司。

在我看来，这是非常好的市场对冲，想加速发展的人可以去加速发展，想维护安全的人可以去维护安全，市场会给所有人回报和惩罚。如果不顾安全的发展最终导致了 AI 的大崩溃，丧失了公众的信任，那这个方向就会被自然地否决。人类发展的机会和风险问题最终会在市场中得到平衡。

我同意赫拉利认为人类容易陷入乌托邦幻想的看法，但在解决方案上，我与赫拉利观点不尽相同。他倾向于控制和约束，如果不知道如何控制，那就先控制自己的欲望。但我认为，一个完善的控制方案是不存在的，我们首先需要放弃乌托邦幻想，不必对包括 AI 在内的新技术抱有完美的期待，也不必等待有了面面俱到的方案后才开始行动。市场的力量终将平衡一切。市场不仅会惩罚那些盲目追逐短期利益的企业，也会奖励那些真正解决问题的创新者。

当然，尤瓦尔·赫拉利仍然是宏大叙事的高手，他展现出了自己对于宏大认知框架的建构能力，也敢于大胆而精确地把握未来趋势。书中提出的"机器人政治学"和"硅幕"等新概念的价值是不言而喻的，更关键之处在于，赫拉利深入探讨了我们这个时代所面临的重要议题，而他的角度激起了包括我在内的读者的思考。

我始终认为，书的价值不在于让读者认同作者的所有观点，而在于它能成功引发思考。赫拉利的这本书也一样，他在其中提出了非常出色的观点以及对现实的描述，揭示了全新的可能性，而这就足以引发我们的独立思考，也足以让它成为一本好书。相比之下，我们同不同意赫拉利的观点其实并不重要。一本好书的魅力所在，正是它能够让我们不断思考，而不是盲从。

从宗教到人工智能的明天

——参透历史，能否过好未来？

吴甘沙

驭势科技联合创始人、董事长、CEO

赫拉利贯穿"人类简史"三部曲的隐藏脉络，是智人无意中发明了信息网络，并在与信息网络的互动中兴起、挣扎，最终走向未知的未来。《智人之上》中"信息网络"变成了主线，赫拉利独特的大历史叙事试图挑战一个人类文明史上一直无解的课题——参透历史，能否过好未来？一位作家说过，人类从历史中学到的唯一教训，就是没有从历史中吸取到任何教训。赫拉利此举，无异于堂吉诃德大战风车。

看过一部电影《启示录》，其故事的背景是玛雅帝国部落之间的残忍战争。当主人公经历了黑暗丛林中的浴血复仇并逃出生天，来到象征自由的大海之滨时，特别震撼的结尾出现了，薄雾中驶出几艘大船，西班牙殖民者来到了美洲，玛雅文明终结。对智人来说，人工智能的大船也许刚刚在海平面露出桅杆之尖，这个物种的众多种群如同那个时期的玛雅部落，或歌舞升平、纸醉金迷，或尔虞我诈、彼此倾轧，只有少数人意识到，我们正处在审判日——决定能否走向下一个10万年的命运关口。

赫拉利从信息说起。

第一个阶段，所有生物都能看到客观现实，但只有智人赋予其意义，将其转变为信息。信息在网络中传播，演绎成了故事、神话和智慧。早期智人的信息网络规模并不大，从几百个人开始，但长年传承和传播的力量让今天的我们依然肃然起敬。我听到过一个最动人的神话故事，赫拉利并没有引用，但很好地诠释了这个阶段的信息网络。这个号称世界最古老的故事，在世界各地，从希腊到中国，甚至在与世隔绝的澳大利亚和北美原住民中都有流传。故事大致是说原来天上有七仙女姐妹，但是因为不同的原因，七妹离开了这个群体。客观事实是什么呢？这个所谓的七姐妹星座，事实上只能看到六颗星。然而为什么不是六仙女的传说呢？在10万年前的非洲，我们的智人祖先能够看到七颗星，只是后来斗转星移，第七颗星看不见了（有两颗星靠近到了肉眼无法分辨的距离）。随着智人迁徙到各个大陆，这颗失落的星变成了逃向人间的"七妹"。这让我深受震撼，一段天文现象成为智人最早的共同记忆，又被赋予意义，流传成为"故事"，升华到具有神圣意义的"神话"，在这里面，又被编织进"智慧"，比如七妹爱上凡人、反抗天庭等（赫拉利在书中提到的是"生物戏剧"）。

第二个阶段，信息（故事、神话）被网络不断放大和演绎，蕴集并释放了巨大动能，这个过程中真相被隐藏或歪曲，秩序被破坏又重塑，有些信息网络变成人类历史上长久的统治力量，如宗教、政治。赫拉利还原了一个长达千年的信息网络演化过程，即《圣经》从一些故事逐步变成传世经典。历史并非研究过去发生过什么，而是找到千年尺度的变与不变，以及变化规律。至此，他埋下了一个伏笔，人工智能终有一天变成新的宗教，那么它是否会重现《圣经》的变化脉络？

第三个阶段，信息网络来到了非生物网络，即计算机网络时代。与历史上成功控制大规模生物信息网络的宗教和政治制度相比，人工智能寄生的大规模计算机网络更容易被滥用，也更难驾驭。赫拉利指出，人类擅长积攒信息与力量，但不擅长积攒智慧，无法单纯地不断变好。人类最缺乏的一个智慧，就是总试图去开发和驾驭无法驾驭的力量。赫拉利反复引用希腊神话中法厄同驾驭天马金车坠落、歌德的《魔法师学徒》中运用魔法扫帚失控的故事，隐喻人类驾驭人工智能的未来。

当前不乏人工智能的末世预言，认为通用人工智能（AGI）可能是人类最后的发明。赫拉利不认同雷·库兹韦尔和马克·安德森的盲目乐观，也不是简单重复马斯克、杰弗里·辛顿等人的盛世危言，他并没有花太多笔墨在"超级智能"觉醒、机器人满街追杀人类幸存者的肤浅预测上。他的洞察在于，一个即使没有达到通用人工智能水平的新信息网络，也将带来无数个失控的未来，比如通过创造信息逆向"训练"智人的心智；人工智能信息网络的控制权（即终极权力）举着正义和仁爱的幌子导向更大的不平等；魅力领袖自以为控制了这个权力，殊不知反被人工智能的高深莫测所控制。

信息在演化中具有了武器的性质，成为政治的工具。赫拉利创造了新词——计算机政治学。智人命运最大的或然性来源于这个新网络给今天的政治力量——极权或民主政权——带来的加速放大能力，以及今天的国家之间、人类与人工智能（及其控制者或追随者）之间的硅幕隔离。

赫拉利并没有停留在预言者的站位上，他在每个未来的预测中都给出了自己的解决方案。今天的人工智能科学家正在努力地做价值观对齐，在开发更可预测、可解释、可控和可自我修正的人工智能。作为一个历史学家，赫拉利开出的药方不是技术层面的，而是历史智慧。虽然人类不擅长积攒和运用智慧，却反复用自我修正机制避免了消亡，命运的钥匙还是在这些智慧中。

我想起一个场景，科学家用脑成像设备可视化人脑的神经元活动，那此起彼伏的闪光让人惊叹造物的神奇。在那个网络中，神经元从生物化学的无序中建构了秩序，涌现出智能。今天的信息网络无异于一个超级大脑，生物部分和非生物部分相互作用，快速试错和演化。也许赫拉利和本书的很多读者，是这个大信息网络中稀疏的闪光，这些智者的努力联结在一起，被不断放大，将智人的命运推往我们期待的那个方向。

关于未来的批判性思考

洪灏
思睿集团首席经济学家，中国首席经济学家论坛理事

尤瓦尔·赫拉利的新作《智人之上》呈现了一个被生物技术和信息技术改变的世界。这本书广泛地探索了信息网络的演变，从最早的人类交流，一直到我们今天所处的复杂数字世界。尤瓦尔将其标志性的平易近人的散文风格和他擅长的宏大历史叙事相结合，将推测性思维与扎实的分析无缝结合，让人欲罢不能。这种风格是赫拉利的标志，并在这本新作中进一步深化。

本书的核心主题是一切事物的相互关联，无论是技术、生物学还是社会。赫拉利深入探讨了这些联系在未来几十年可能如何演变，描绘了一个既令人振奋又令人不安的未来。赫拉利认为，21 世纪的定义不仅在于人工智能、生物技术或数字化的单独进步，还在于它们将共同形成的复杂网络——人类与机器的联结，自然与人工的融合。

虽然赫拉利在书里对于人类社会的未来提出了警示，但他还是在乐观与谨慎之间保持了微妙的平衡。赫拉利并不回避技术进步可能带来的潜在反乌托邦结果，但他也突出了技术进步所提供的无与伦比的机会。这种二元性在他对人工智能的讨论中得到了充分体现。他认为，人工智能可能成为我们物种的救世主，也可能成为我们灭亡的设计者，这取决于我们如何选择将其融入我们存在的结构中。赫拉利的反思鼓励了读者思考技术进步的道德和伦理维度，不仅要考虑我们能够做什么，更要考

虑我们应该做什么。

本书的优势之一，在于它能够将不同的历史事件和技术进步联系起来。凭借着在历史方面的专业知识，赫拉利追溯了人类社会从狩猎采集部落到复杂的数字网络的演变，巧妙地编织了从古代文明、帝国崛起、文字和印刷术的发展到数字革命的叙事，并暗示了下一次飞跃可能超越定义我们人类性的边界。这种全景视角为理解人类对信息及其影响力的痴迷提供了宝贵的见解。

在这本新作里，赫拉利还重新审视了他早期作品中的一些核心主题，例如神话在塑造人类社会中的作用，并且提供了一个新的视角。例如，他对数字神话的探讨——由算法而非人类讲故事者创造和传播的叙事——既有创新性又令人不安。他认为，随着算法越来越多地决定我们的选择，从我们阅读的内容到我们爱的对象，它们正在打造一种新型神话，这种新型神话可能会重新定义人类文化。这不仅是作者之前关于人类社会叙事传播的重要性之观点的延伸，也是他思想的一次重要的演化，显示了他作为思想家应对变化和前瞻性的能力。

然而，或许是由于这本书主题宏大、立意磅礴，因此难免在议题的深度和主题之间细微的差别上显示了一定的局限性，其广度也似乎是以深度为代价的。赫拉利倾向于过度简化复杂问题，并用粗线条描绘，这可能会令一些注重细节、喜欢刨根问底的读者感到失望。虽然这本书引人入胜地概述了信息网络对人类社会的影响，但这些宏观叙事又缺乏很多让读者全面理解这些不同的发展之间的细微差别的细粒度分析。比如，《智人之上》认为技术是历史变革的主要驱动力。赫拉利的叙述经常倾向于技术决定论，认为技术进步会不可避免地塑造社会和文化。诚然，技术进步对人类发展和历史产生了深远影响，但将复杂的社会变革简化为单纯的技术原因似乎过于简单化了。这种技术决定论忽视了人类在塑造技术及其后果方面的能动性。例如，互联网虽然是一种强大的技术工具，但它的生态和现状是由社会、经济和政治等因素共同塑造的，并且正在随着社会的进步而相互作用、不断演绎。

此外，赫拉利对信息历史总体趋势的关注可能忽略了边缘群体的经历以及信息网络对不同社会的影响差异，而更倾向于将技术的影响同质化到不同的文化和社会。技术进步在不同背景下具有不同的含义和后果，一种赋予一个群体权力的技术也可以用来压迫另一个群体。因此，如果这本书能有更多对于网络内权力的制衡和不平等的批判性考察就完美了。过度地强调技术决定论，有可能掩盖技术、社会和文化之间复杂的相互作用。技术不是一种中立的力量，而是由人类价值观、权力结构和社会关系共同塑造并影响的。

《智人之上》还提出了关于人类在日益互联的世界中的未来这个重要问题，但它没有提供具体的答案或可行的解决方案。然而瑕不掩瑜，这本书的确是讨论人工智能伦理影响和信息过载潜在后果的有价值的起点，它也会让读者渴望得到后续更深入的分析和具体的建议。

总之，《智人之上》是对信息网络历史发展引人深思的探索，是尤瓦尔探索人类过去、现在和未来的又一部杰作。如同尤瓦尔前面的几本著作一样，他在连接历史、国家的的不同点以及跨时空叙事等方面的能力一如既往地令人印象深刻，这使他的书不仅信息丰富、可读性非常强，还启发人心、令人深思。这本书是关于未来批判性思考的强大催化剂。尤瓦尔的思想会促使读者思考人类社会技术进步的潜在后果，尤其是对于生命意义的新的追索。

生命的意义问题与人类历史一样古老，哲学家、神学家和科学家穷极千年都在思考这个谜题。赫拉利认为，寻找生命的意义与我们基本的生物需求（例如生存和繁衍）密切相关。在一个实现了技术突破、没有这些生命循环条件限制的世界里，我们未来寻找人生目标的形式，可能会发生翻天覆地的变化。

此刻，我们站在一个前所未有的变革之边缘。赫拉利的新作《智人之上》既是一本指南，也是一个警示。通过作者恢宏的历史观和化繁为简的叙事能力，这本书将成为所有关心人类社会未来走势的人的必读之作。

在算法主导的信息网络时代，人类社会如何维持基本原则？

严飞
清华大学社会学系副教授

尤瓦尔·赫拉利的新著《智人之上》延续了他在"人类简史"三部曲中的宏大叙述风格，继续探讨人类在历史长河中的发展轨迹及其未来面临的挑战。在这本书中，赫拉利提出了一个核心观点：信息是人类文明的基石。信息联结了个体，通过符号系统（如语言、文字）的传播，构建了庞大复杂的社会网络，使得智人不仅征服了自然，还塑造了现代国家和全球化的经济体系。然而，赫拉利并未止步于对过去的追溯，他进一步探讨了信息在当代社会中的作用。随着技术的发展，信息的获取和传播变得空前迅速，但这种信息的力量并不总是朝着文明进步的方向发展。当信息被扭曲或滥用时，它同样可能导致社会的分裂和崩溃。

在人类历史的早期，信息的传播主要依赖于语言、神话和故事，这些都是早期人类社会得以形成的基础。人类在这个阶段通过口口相传的故事，构建了部落内的认同感和社会规范。这些信息并非客观的真理，却编织出共同的信仰和价值观，它们将个体紧密联结在一起，形成了最初的社会网络。

随着文字的发明和书写系统的发展，信息的储存和传递发生了根本性的变化。文字让信息超越了口头传播的局限，使得更复杂的社会结构得以建立。赫拉利提到，文字的出现推动了古代帝国的形成，因为它允许统治者通过法律、宗教文本和行政命令在广大的地域内行使控制权。这种信息的集中和管理能力，使早期文明得以在广阔的地理范围内维持稳定，创造出前所未有的社会复杂性。

进入近现代，印刷术的发明和普及引发了一场信息革命，使得人类社会进入一个全新的时代。知识不再仅仅掌握在少数精英手中，而是逐渐向大众开放。这一过程极大地促进了社会的流动性，削弱了封建制度的根基，同时为民主政治的兴起奠定了基础。赫拉利在书中指出，信息的普及和多样化使得个人和群体能够质疑权威，提出改革，从而推动了社会的变革和进步。

进入 21 世纪，互联网和数字技术带来了另一场更为深刻的信息革命。互联网使得信息传播达到了前所未有的速度和广度，改变了人类互动的方式和社会结构。信息不再受限于物理介质，而是可以通过网络瞬间传播到全球的每一个角落。这场革命带来了许多积极的变化。社交媒体、搜索引擎和电子商务平台大大提升了信息获取的效率，赋予了个人前所未有的力量。人们能够轻松获取各种知识，参与全球讨论，甚至通过网络实现跨国合作。这种信息的自由流动极大地促进了全球化，推动了经济、文化和政治的深度融合。

然而，在赫拉利看来，互联网的开放性同样使得虚假信息和极端思想得以迅速传播，甚至比真相传播得更快。社交媒体的算法往往会强化用户的既有偏见，形成信息茧房，让人们越来越难以接触到与自己观点相异的信息。这种现象加剧了社会的分裂，导致全球范围内的政治极化和不信任感的上升。更为严重的是，赫拉利认为，数字信息的操控已成为新型权力的核心手段。数据成为 21 世纪最宝贵的资源，大型科技公司和政府通过对数据的掌控，能够精确地预测和影响个人行为。赫拉利指出，这种对信息的集中控制，可能会导致一种全新的数字极权主义，危及个人自由和民主制度。

赫拉利在这本书中提出了"非生物网络"的概念，这代表了现代社会信息网络的一种新形态。在人类文明的大部分历史中，信息的生产、传播和处理都依赖于人类的智力和社会结构。这种"碳基"信息网络虽然强大，但依然受到人类生物局限的约束，依赖于人类的沟通、合作和记忆能力。然而，随着计算机技术和人工智能的发展，信息网络开始向"硅基"转变。这一转变不仅改变了信息的处理方式，使得信息网络开始脱离生物的限制，进入一个全新的维度。例如，人工智能使得信息网络不再仅仅是一个被动的信息处理系统，它具有自主学习和决策的能力。这种能力的赋予使得人工智能能够在没有人类干预的情况下处理和分析海量数据，并做出影响深远的决策。这种转变标志着信息网络已经不再是简单的工具，而是一个具备自主性的系统。

赫拉利明确指出，随着非生物信息网络的崛起，人类社会的结构和运作方式正在发生根本性的变化。

首先，非生物信息网络的兴起改变了权力的分配。拥有控制信息网络能力的个体和组织获得了巨大的经济和政治优势。这种优势不仅体现在财富的积累上，还体现在对社会舆论和政治进程的影响力上。赫拉利指出，科技巨头通过数据分析和算法推荐，能够塑造公众的观点和行为，从而影响选举结果和政策制定。其次，非生物信息网络对工作和经济模式也产生了巨大影响。自动化和人工智能正在取代许多传统的劳动岗位，改变了劳动力市场的结构。赫拉利警告说，这种变化可能导致大规模的失业和社会不平等的加剧，进而引发社会动荡。最后，非生物信息网络还改变了个人与社会的关系。随着信息网络的普及，个人的隐私和自由受到前所未有的挑战。赫拉利指出，信息网络的监控能力使得政府和企业能够对个人行为进行精确的追踪和预测，从而控制个人的选择和生活方式。

《智人之上》的第三部分"计算机政治学"是赫拉利对未来政治形

态的深刻思考，也是我最感兴趣的部分，相信读者会和我有类似的看法。在这一部分里，赫拉利提出了一个重要的问题：在一个信息高度集中且由算法主导的世界里，民主是否还能维持其基本原则？

赫拉利描绘了两种未来的可能性。一种是民主国家利用人工智能来增强公共决策的透明度和效率，通过媒体、选举、公开辩论和其他形式的公民参与，信息得以在社会中广泛传播，使得公民能够对政府行为进行监督，并做出知情的选择，从而推动社会的进步。另一种则是极权主义国家利用人工智能进一步集中权力，塑造公众的思想，精准地传播国家意志。这种极权主义可能远比历史上任何一种独裁形式都更为强大，因为它不仅依赖于对信息的垄断，更依赖于对人类行为的精确预测和操纵。赫拉利提醒我们，未来的社会可能面临着"硅幕"的威胁，即由计算机代码和算法构筑的数字屏障，将人类社会分割成敌对的阵营。如果这种趋势得不到有效遏制，人类可能会失去对自身命运的控制，甚至可能被自己创造的人工智能所奴役。

《智人之上》最终呼吁人类以智慧和谨慎的态度面对未来。赫拉利并不认为未来是注定的，他强调，未来的形态将由我们今天的选择决定——这不仅是政治的选择，更是人类文明的选择。作为个体和集体，我们必须在信息网络的发展中保持清醒，既要避免落入科技乌托邦的陷阱，也要防止滑向极权主义的深渊。国际社会必须建立全球性的伦理规范，才能确保技术进步不会导致人类的伦理和社会基础遭到破坏。

赫拉利的著作为我们敲响了警钟，同时也为我们指明了可能的方向。无论我们选择拥抱信息技术带来的变革，还是谨慎地控制其发展，关键在于我们能否在复杂的信息时代保持对真理的追求和对自由的捍卫。从这层意义出发，这本书不仅是一部关于人类发展史的经典，更是一部引人深思的未来指南，引导读者重新审视科技进步、权力与信息之间的微妙关系，从而在复杂的信息社会中寻找智慧的平衡。